Maria Maria : l'histoire d'un orage

Original story by Jennifer Degenhardt

Translated and adapted by
Theresa Marrama

Revision and correction by
Sophie Hade, Françoise Goodrow
and Françoise Piron

Student artwork by Madison
White, 9th grade student at
Madrid Waddington Central
School

ISBN: 1-7322780-5-9
ISBN-13: 978-1-7322780-5-9

This story is for all of the folks affected
by the storm called Maria.

Table des matières

REMERCIEMENTS

I may have written the original story, but Terri Marrama is the brains and creativity behind the translation and adaptation. It has been wonderful collaborating with her on this project and I am so grateful to her for being able to see this story as one relatable to a part of the Francophone world. *Merci beaucoup*, Terri, not only for your wonderful work, but for the passion and compassion for students, the French language and those that speak it.

Thank you to two other wonderful educators for their revisions, Sophie Hade and Françoise Goodrow.

For the second edition, *merci* to Françoise Piron for her expertise in editing and making the book that much more comprehensible for student learners of French.

Thank you, too, to Madison White for creating such great images to accompany the book without having read it.

Publishing a book takes a village and I am thrilled to have denizens who provide such support.

Chapitre 1
Léa

Il est sept heures du matin et nous sommes dans la cuisine. Nous prenons le petit-déjeuner : des croissants, du café pour mes parents et ma grand-mère, et du lait pour moi. Ma grand-mère n'habite pas avec nous, mais ce matin, elle est chez nous pour parler avec ma mère.

« Stéphanie, est-ce que tu peux aller dans le Connecticut pour aider ta sœur ? Elle a besoin de toi. Elle va bientôt avoir une opération. Est-ce que tu peux y aller pendant deux semaines pendant qu'elle récupère ? » demande ma grand-mère.

« Maman, j'aimerais aller à Hartford pour l'aider, mais nous n'avons pas d'argent. Je ne peux pas prendre deux semaines de congé », explique ma mère.

« Est-ce que tu peux parler à ton patron à l'usine ? Il a de la famille à Hartford, n'est-ce pas ? Peut-être que si tu lui expliques la situation... Suzanne est ton unique sœur », dit ma grand-mère.

« Bien sûr, je le sais, maman. Je veux aider Suzanne. Je parlerai à mon patron aujourd'hui. »

Je suis restée assise à table. Normalement, je suis très bavarde, mais ce matin je ne dis rien.

Ma mère travaille dans une distillerie qui produit du rhum. Notre ville s'appelle Sainte-Rose et ce n'est pas une très grande ville, mais ce n'est pas une petite ville non plus. Elle est située dans le nord de l'île de Basse-Terre, à moins de trente minutes de la capitale de Basse-Terre, où tout dépend de la circulation. Normalement, il y a beaucoup de circulation parce que l'île n'est pas très grande, et il y a beaucoup de voitures et de camions.

La seule façon de livrer les marchandises est par voiture et par camion. Il y a beaucoup de ports pour importer des produits de nécessité parce que c'est une île. Quand les produits arrivent aux ports, on utilise des camions pour distribuer les produits dans les autres parties de l'île qui ne sont pas sur la côte.

Oh, l'île où nous habitons ? La Guadeloupe. Une île de charme. C'est merveilleux. La Guadeloupe est un département d'outre-mer français. C'est dans les Caraïbes, au nord- ouest de l'île de la Dominique et au sud-est de l'île de Montserrat. Je ne sais pas pourquoi, mais mon père parle beaucoup du climat de la Guadeloupe et de la température qui cause beaucoup de problèmes.

Mon père est fasciné par la météo partout dans le monde. Il est très intelligent. Il dit que la plupart des Guadeloupéens en connaissent beaucoup au sujet du climat de l'île en général. Il dit que la Guadeloupe, même si c'est un département français, n'a pas le même climat que la France la plupart du temps.

Mon père travaille aussi pour une entreprise qui est située à Basse-Terre. Il est chauffeur de camion pour une entreprise pharmaceutique. Ils font des médicaments importants dans les usines de ma ville et mon père les transporte jusqu'aux ports et à l'aéroport. Là, les médicaments sont transportés par bateau vers le continent et vers d'autres pays. Mon père conduit sur toutes les grandes routes de Guadeloupe. Il passe beaucoup de temps dans son camion, donc il connaît très bien la Guadeloupe. Il parle beaucoup de la température.

Mon père continue à parler dix minutes de plus ce jour-là, mais je ne l'écoute pas parce que c'est ennuyeux. Je n'aime pas parler de la température autant que mon père.

« Léa, tu es prête pour l'école ? » demande mon père.

*****

Ma mère et sa mère continuent à parler de ma tante dans le Connecticut et ils ne font pas attention à mon père et à moi.

« Oui papa, allons-y. »

Nous partons de la maison et montons dans le camion. Tous les jours, mon père me conduit à l'école avant d'aller au travail. C'est le moment favori de ma journée : passer du temps avec mon père.

Chapitre 2
Stéphanie

Je marche jusqu'au coin de la rue pour prendre le Karu'Lis. Tous les jours, je rencontre les mêmes personnes dans ma ville. Certains d'entre nous travaillent dans l'industrie pharmaceutique et d'autres travaillent dans les usines qui fabriquent du rhum. Je travaillais dans une usine de rhum, mais maintenant je travaille dans une entreprise médicale. C'est un bon travail.

Ce matin, je suis inquiète à cause du problème avec ma sœur et de la conversation que je dois avoir avec mon patron, et je ne pense pas du tout aux produits que l'entreprise fabrique. Peut-être que ces produits seront les produits qu'ils utilisent pour l'opération que va subir ma sœur...

« Stéphanie, tu viens ? » demande ma voisine Lucie.

« Quoi ? Oh, oui. Merci », je réponds.

J'ai la tête dans les nuages. Je ne peux pas me concentrer. Je ne veux pas avoir cette conversation avec mon patron, mais je dois aller dans le Connecticut pendant deux semaines. Après son opération à l'estomac, Suzanne devra rester cinq jours à l'hôpital. Après ça, elle pourra retourner chez elle, mais elle ne pourra pas bouger pendant quelques jours. Ma sœur est jeune, mais l'opération est assez invasive. Ils doivent enlever une partie de son intestin.

Suzanne habite à Hartford. C'est la capitale de l'état du Connecticut. Elle habite là depuis vingt ans. Ma sœur a étudié la finance à l'Université de Porto Rico. Après avoir obtenu son diplôme, elle a trouvé un travail comme comptable dans une compagnie d'assurances à Hartford. On dit que Hartford est « la capitale du monde des assurances ».

Nous sommes allés chez elle une ou deux fois. Il y a quatorze ans nous y sommes allés pour son mariage. Elle s'est mariée avec Steve, un homme qui vient de New

York, mais ils ont divorcé il y a deux ans. Elle est seule maintenant, et c'est pourquoi elle a besoin d'aide après l'opération. Suzanne et Steve ont deux enfants, Justin et Amanda. Suzanne voulait leur donner des prénoms français ou des prénoms qui pouvaient être prononcé facilement en français et en anglais, mais Steve a insisté pour leur donner des prénoms anglais. Leur divorce n'était pas une surprise. Personne n'aimait Steve.

*****

Le bus arrive à mon travail. Je descends du bus et j'entre par la porte principale. Je monte les escaliers et je vais directement au bureau de mon patron, Paul Christensen. C'est un homme qui vient de Caroline du Nord. Il parle bien français parce qu'il travaille ici depuis huit ans, mais en vérité, je n'aime pas son accent quand il parle français.

« Bonjour, Monsieur Christensen. Comment allez-vous ? Je voudrais vous parler. Avez-vous cinq minutes ? »

Avec son mauvais accent, il répond :
« Bien sûr, Stéphanie, entre. Que puis-je
faire pour toi ? » Je ne sais pas si c'est un
manque de respect quand Monsieur
Christensen me tutoie ou si c'est juste un
manque de connaissance de la langue
française, mais ça m'ennuie un peu. Enfin,
j'entre dans son bureau et je lui explique
la situation.

Chapitre 3
Léa

Aujourd'hui il fait chaud, même pour la Guadeloupe. Normalement, août est le mois le plus chaud de l'année et il fait aussi humide à cause de la pluie. Il pleut beaucoup. Avec la pluie, il y a plus d'humidité. C'est horrible. Mais cette année, la chaleur, la pluie et l'humidité ont continué jusqu'en septembre. Le matin, je vais à l'école en camion avec mon père, mais chaque après-midi, je dois marcher dix minutes jusqu'à la maison de ma grand-mère pour passer les après-midis avec elle. Vêtue de l'uniforme de mon école, un chemisier blanc, une jupe bleue et des chaussures noires, je transpire beaucoup. J'ai hâte d'arriver chez ma grand-mère pour me changer.

J'arrive à la petite maison jaune de ma grand-mère. Quand j'entre par la porte, je suis vraiment étonnée. Mes parents et ma grand-mère sont assis à la table de la cuisine. Tout le monde semble vraiment sérieux. C'est bizarre que mes parents soient ici, parce que normalement, c'est ma grand-mère qui s'occupe de moi jusqu'à ce que mes parents rentrent de leur travail à dix-sept ou dix-huit heures. Mais il est seulement seize heures et tout le monde est dans la cuisine de ma grand-mère. Avant que j'ouvre la bouche, mon père me dit : « Léa, assieds-toi. Nous devons te parler. »

Je m'assois à côté de ma grand-mère et elle me prend la main. Après mon père, ma grand- mère est ma personne favorite. Elle est vraiment attentionnée et elle est aussi très drôle. Nous sommes de bonnes amies parce que nous passons beaucoup de temps ensemble.

« Léa, me dit ma mère, nous devons te dire quelque chose. Ta tante Suzanne a besoin d'une opération immédiatement. Je dois aller dans le Connecticut demain. »

« Tante Suzanne ? Qu'est-ce qui se passe ? » je leur demande.

« Elle est à l'hôpital maintenant. Ils vont l'opérer après-demain. Je veux être là pour l'aider. Tes cousins sont avec leur père », m'explique ma mère.

Je n'avais pas pensé à mes cousins. Justin et Amanda sont plus âgés que moi, mais je ne les connais presque pas. Il y a cinq ans, je leur ai rendu visite dans le Connecticut et il y a deux ans, ils nous ont rendu visite quand ils avaient 11 et 9 ans. Mais nous n'avons pas très bien communiqué parce qu'ils ne parlent pas français, et même si j'apprends l'anglais à l'école, je ne le parle pas très bien.

Je regarde ma mère et lui dis : « Maman, je ne veux pas que tu ailles dans le Connecticut. Mais je suis contente que tu ailles aider ma tante. »

« Merci, Léa. Tu t'occuperas de ton père et de ta grand-mère. D'accord ? »

« Oui, maman. Ne t'inquiète pas. »

« Bon. Allons à la maison pour nous préparer. Nous allons dîner au restaurant ce soir avant mon départ. »

Il fait encore chaud dehors et dans la maison, mais j'ai un peu froid à cause de la nouvelle de ma tante et du changement qui va affecter ma famille pendant un certain temps.

*****

Après la conversation dans la cuisine de ma grand-mère, mes parents et moi partons pour retourner chez nous. Ma grand-mère habite seulement à trois pâtés de maison de chez nous, au bord de la Mer des Caraïbes. J'aime rendre visite à ma grand-mère, pas seulement parce que je l'aime, mais aussi parce que j'aime être près de l'océan.

Sa maison n'est pas typique pour notre ville. Mon grand-père l'a construite il y a 50 ans. Elle est construite en bois et il y a des supports qui élèvent une partie de la maison au-dessus de l'océan. Dans une partie de la maison, on peut entendre l'océan en dessous. J'aime ce bruit. L'année dernière, il y a eu un problème avec les supports après un orage. Mais avec l'aide d'une entreprise de construction, ils les ont réparés et maintenant la maison est solide.

*****

Dans ma chambre, je mets une robe à fleurs. Nous allons au restaurant du coin dans notre quartier. C'est un restaurant relax, mais je mets une robe parce qu'il fait très chaud. C'est une soirée spéciale parce que demain, ma mère part pour Hartford.

D'abord, ma mère, mon père et moi allons chercher ma grand-mère. Après ça, nous allons au restaurant l'Agouba. En réalité, c'est un bar, mais ils servent aussi de la nourriture, de la nourriture que nous aimons. Il y a d'autres restaurants à Sainte-Rose, mais l'Agouba est notre restaurant préféré.

Nous sommes des habitués de ce restaurant, et le serveur, Louis, nous salue : « Léa, Guillaume, Stéphanie et Dame Maria. Comment allez-vous ce soir ? »

« Salut, Louis, lui dis-je, nous allons bien, mais ma tante est malade. Demain, ma mère part pour le Connecticut. »

Louis, un homme de 50 et quelques années, nous connaît depuis longtemps et il connaît aussi ma tante.

« Qu'est-ce qui est arrivé à Suzanne ? » demande Louis.

Ma mère explique la situation, pendant que Louis nous emmène à notre table favorite, près de la fenêtre. Mais d'abord, nous devons traverser le bar où il y a une énorme télé. C'est la chaîne CNN qui est allumée, et la journaliste qui a une carte derrière elle, parle d'un orage. J'entends le mot « Maria ». Mon père l'entend aussi.

« Louis, qu'est-ce que tu sais au sujet de la tempête ? » demande mon père.

« Guillaume, ils disent que c'est un énorme ouragan qui se dirige vers les Caraïbes. On ne sait pas si l'ouragan va frapper la Guadeloupe ou s'il va virer plus à l'est. »

« Je vais allumer la télé quand nous rentrerons chez nous. Merci, Louis. »

Normalement, nous nous amusons beaucoup à l'Agouba, mais ce soir-là, nous sommes trop inquiets et nerveux pour nous amuser.

Chapitre 4
Stéphanie

Après avoir mangé au restaurant, je retourne à la maison avec mon mari et Léa. Je dois me préparer pour partir demain. J'ai l'intention de rester dans le Connecticut pendant deux semaines, mais tout dépend de la guérison de ma sœur. Elle a besoin de moi et je veux être là pour l'aider.

La nuit est belle. Il ne fait pas aussi chaud maintenant parce qu'il y a une légère brise. Là où nous habitons, le coucher de soleil n'est pas aussi beau que le lever du soleil, mais ce soir, c'est beau. Le soleil qui se couche produit une lumière violette et orange qui illumine presque toute notre petite maison. Cette scène avec la maison et la lumière du soleil me plaît. Guillaume et moi avons acheté la maison il y a deux ans, après avoir loué plusieurs appartements ici, à Basse-Terre. Je suis très fière de la maison parce que nous avons sacrifié beaucoup pour l'acheter.

La maison où nous vivons, qui est bleue avec une porte brune, est tout mon univers. Les deux personnes les plus importantes pour moi habitent ici, mon mari et ma fille. La maison n'est ni trop grande, ni trop petite. Il y a deux chambres, un salon, une cuisine et une salle de bains. C'est parfait pour nous. Mon moment préféré de la journée est quand nous sommes dans le salon le soir à regarder la télé.

Ce soir-là quand nous sommes rentrés chez nous, Guillaume est allé directement au salon et a allumé la télé. Sur CNN, la même journaliste parlait du Moyen-Orient, alors mon père a changé de chaine pour regarder la météo. La météorologue avait une carte derrière elle qui expliquait la trajectoire de l'ouragan, l'ouragan qui s'est formé il y a une semaine dans l'océan Atlantique et se dirige maintenant vers les petites îles des Caraïbes. La dernière fois qu'il y a eu un ouragan, c'était en 1998, quand l'ouragan Hugo a frappé l'île. On dit que l'ouragan Hugo était de catégorie 1, mais à cause de la quantité de pluie, 76 cm

(30 pouces) en deux jours, l'infrastructure de l'île a beaucoup souffert. J'avais seulement 9 ans, le même âge que Léa a maintenant, mais je me souviens bien des dégâts en Guadeloupe et combien nous avons souffert pendant longtemps après ça.

Guillaume me dit : « Oh mon dieu. Regarde la direction de cet orage. Je pense qu'il se dirige directement sur notre île. On ne peut pas lui échapper. »

Mon mari aime regarder la télé. Il aime beaucoup regarder les sports, le football en particulier, mais quand on annonce un désastre, il aime être collé à la télé pour regarder sans arrêt. C'est un des inconvénients des informations d'aujourd'hui : à cause des satellites, de l'internet et des portables, on est informé exactement au moment où quelque chose se passe. Quelquefois, c'est bon d'avoir l'information immédiate, par exemple quand il y a un problème sur les autoroutes, mais sinon ce n'est pas très utile. Bien sûr, on veut tout savoir sur un ouragan en route vers son pays pour qu'on puisse se préparer, mais j'imagine que si on connait tous les faits avant l'arrivée de l'ouragan, ça peut aussi causer la panique. Cependant, peut-être que c'est juste moi qui panique parce que je ne vais pas être avec ma famille quand l'ouragan va arriver.

Je dis à mon mari avec autant d'amour que je peux : « Guillaume, est-ce que tu peux baisser le volume de la télé ? Tu sais que je n'aime pas entendre autant de mauvaises nouvelles. En plus, je pars demain et je suis inquiète. »

Guillaume est un grand homme guadeloupéen mais il est aussi adorable. Il me prend la main, puis me prend dans ses bras.

« Stéphanie, ne t'inquiète pas. Tout va bien aller. Je vais m'occuper de Léa et de ta mère pendant que tu seras dans le Connecticut. Tu sais combien je t'aime et combien tu vas me manquer. »

J'ai beaucoup à faire pour me préparer pour le voyage, mais je veux rester dans les bras de mon mari.

« Merci, Guillaume. Je t'aime aussi. Je te fais toujours confiance. Maintenant, laisse-moi me préparer pour demain. »

Je donne un baiser à mon mari et je le remercie en silence. Cet homme est mon univers et je l'aime de tout mon cœur, autant que j'aime ma fille qui est dans sa chambre à écouter de la musique.

« Léa, qu'est-ce que tu fais ? » je demande à ma fille.

« J'écoute de la musique », me répond-elle.

« C'est une nouvelle chanson ? Je ne l'ai jamais entendue », lui dis-je.

« C'est nouveau pour moi, maman. La chanson s'appelle *Préjugés*. Amélie m'a parlé de cette chanson hier. Je l'aime beaucoup. Et toi, qu'en penses-tu ? »

Léa veut encore me parler, mais en vérité, je n'ai pas le temps. Mais je ne veux pas bouger du seuil de sa chambre.

« Léa, nous pourrons écouter la chanson après mon voyage. Maintenant je dois me préparer pour partir demain. »

« Ok, maman. »

Je jette un autre coup d'œil à ma fille avant d'aller dans ma chambre. Dans ma chambre, je sors ma valise et commence à faire mes bagages.

Chapitre 5
Léa

« Léa, réveille-toi, dit mon père du seuil de la porte de ma chambre, tu dois te préparer pour l'école. Nous allons te déposer en premier et après ça, ta mère et moi irons à l'aéroport. »

Je ne veux pas me lever parce que je suis encore fatiguée, mais je me réveille assez pour demander à mon père : « Je peux aller à l'aéroport avec vous ? »

« Non, tu dois aller à l'école comme d'habitude et cet après-midi tu vas aider ta grand-mère à se préparer. »

Maintenant, je suis assise sur mon lit avec les pieds par terre. « Se préparer ? Pourquoi ? Maman part aujourd'hui. »

« L'ouragan qui a déjà frappé les autres petites îles des Caraïbes se dirige maintenant vers la Guadeloupe. La tempête va être très intense, alors nous devons être prêts. Ta grand- mère et toi allez commencer à vous préparer cet après-midi et je vais vous aider quand je serai rentré du travail »

« Ok, papa, j'aiderai grand-maman. Qu'est-ce qu'il faut faire ? »

« Ta grand-mère va te montrer ce qu'il faut faire cet après-midi. Maintenant, douche-toi, brosse-toi les dents et habille-toi. »

D'habitude, mon père est vraiment drôle ; mais parfois, il est sérieux. Ce matin, il semble vraiment sérieux. Il doit donc être inquiet parce que ma mère part pour les États-Unis. Ou peut-être qu'il est inquiet à cause de l'ouragan. Je ne sais pas. Nous avons déjà eu des ouragans dans le passé. C'est normal de vivre quelques jours sans électricité après une grosse tempête. Mon père dit que c'est à cause de l'endroit où se trouve l'île.

Je n'y pense plus. Je prends mon sac à dos et je vais à la cuisine pour prendre mon petit-déjeuner avec mes parents. Ma grand-mère n'est pas là ce matin. Elle est probablement chez elle avec ses oiseaux. Depuis que mon grand- père est mort, il y a sept ans, ma grand-mère habite avec ses oiseaux.

Après un petit déjeuner passé en silence, nous montons tous les trois dans le camion pour aller à mon école. Je m'assois entre mes parents et j'essaie de leur expliquer que le voyage de ma mère est un évènement inhabituel et que je veux lui dire au revoir à l'aéroport, mais ils ne m'écoutent pas.

Je donne un baiser à mon père et à ma mère et je descends du camion. Ma mère me dit : « Léa, tu sais que je t'aime de tout mon cœur. Tu vas beaucoup me manquer. Prends soin de toi[1], sois sage[2] et écoute ton papa et ta grand-mère. On se voit dans deux semaines. »

« Maman, tu vas me manquer aussi. Tout va bien se passer. Ne t'inquiète pas. »

Et sur ces mots, je l'embrasse et je marche vers la porte de l'école.

*****

Toute la journée, les adultes parlent de l'ouragan Maria. Maria. Chaque fois que

---

[1] prends soin de toi : take care of yourself.
[2] sois sage : be good.

j'entends le nom Maria je pense à ma grand-mère. Elle s'appelle Maria Joséphine, mais tout le monde l'appelle Maria.

Avec les instructions de mes parents, j'arrive chez ma grand-mère après l'école. Elle est dehors en train de remplir des bouteilles d'eau avec le tuyau d'arrosage.

« Salut, grand-maman », lui dis-je.

« Léa, chérie. Viens ici et aide-moi. »

Ma grand-mère est sympathique, mais quelquefois elle est un peu exigeante. Mais quand je suis près d'elle, elle me prend dans ses bras et me donne un baiser.

« Ok, Ok, grand-maman. Qu'est-ce que tu fais ? »

« Nous devons bien nous préparer, Léa. L'ouragan qui arrive est énorme. »

« Ils disent ça à chaque fois qu'il y a une tempête. »

« Non. Cette fois, c'est différent. Les météorologues disent que c'est déjà un ouragan de catégorie 4 et qu'il va continuer à se renforcer. Nous devons nous préparer. »

« Ok, grand-maman. Je vais t'aider. Et après, est-ce que je peux aller jouer dehors avec Amélie ? »

« Nous verrons, maintenant aide-moi à remplir ces bouteilles et apporte-les dans la maison. »

Cet après-midi-là, je ne peux pas aller dehors pour jouer avec Amélie. Ma grand-mère et moi travaillons à remplir des bouteilles d'eau, à chercher des bougies et des allumettes et d'autres choses pour nous préparer, nous préparer à la tempête.

Chapitre 6
Stéphanie

Quand nous étions jeunes, Guillaume empruntait le camion de son frère et nous faisions de longues balades. La plupart du temps, nous allions à Desbonnes. Une fois, nous sommes allés à Bas Vent pour le week-end. Nous avons passé deux jours à la plage.

D'habitude, nous parlons beaucoup quand nous sommes en voiture ensemble. Mais ce matin, c'est différent. Je ne parle pas à mon mari parce que je ne veux pas me mettre à pleurer. Finalement, Guillaume parle.

« Stéphanie, je veux que tu saches que tout va bien aller avec ta sœur et pour nous ici. Je m'occupe de notre famille. Tu dois seulement t'inquiéter de ta sœur », et il ajoute. « Justin et Amanda vont être avec Steve, n'est-ce pas ? »

« Oui, ils vont rester avec lui pendant trois semaines. Mais je vais les emmener à l'hôpital parce que Suzanne voudra les voir après son opération. »

« Bien sûr. Et quand est l'opération ? » demande Guillaume.

« Demain matin », je réponds.

En réalité, je ne veux pas parler, mais c'est plus facile de penser aux choses que je dois faire pour m'occuper de ma sœur que de m'inquiéter de ma famille. Je quitte ma famille pendant plusieurs jours, juste au moment où arrive ouragan.

Je préfère arriver à l'aéroport bien en avance, mais c'est impossible avec la circulation aujourd'hui. L'aéroport est seulement à 30 kilomètres de notre maison, et normalement on peut y arriver en moins d'une heure. Aujourd'hui, le trajet est plus long, mais j'arrive bien avant mon vol, qui est à treize heures. Nous arrivons tôt parce que c'est plus facile pour Guillaume de m'emmener maintenant parce qu'après, il doit aller travailler.

Sans rien dire, je regarde par la fenêtre du camion et je vois la beauté de mon île. Ce matin, il y a des nuages blancs dans le ciel, le même ciel qui est lié aux montagnes et aux collines par lesquelles nous passons en route vers l'aéroport. Il fait frais ce matin, mais on peut déjà voir qu'il va faire chaud cet après-midi. Je regarde les petites maisons et les immeubles auxquels sont attachées des cordes à linge où sèchent des vêtements. J'aime regarder les vêtements sur les cordes à linge parce que ça montre que des gens habitent ici. Ce sont des signes de vie. À cette heure-ci, les palmiers se balancent dans la brise. Je pense que je ne pourrais jamais quitter la Guadeloupe comme l'a fait ma sœur. J'aime vivre ici.

Dire au revoir à mon mari à l'aéroport est difficile. Je n'arrive pas à contrôler mes larmes parce que je ne veux pas quitter Guillaume. Comme d'habitude, il m'embrasse sur le front.

« Stéphanie, je t'aime. Prends soin de toi. »

J'entre dans l'aéroport pour prendre le vol direct pour Hartford.

Chapitre 7
Léa

Mon père regarde CNN à la télé. Les présentateurs continuent de parler de la tempête qui vient vers l'île de la Guadeloupe. Le météorologue qui explique la météo ce matin dit que l'ouragan a atterri sur l'île de La Dominique, située au sud-est de notre île. Il montre les images juste avant que la tempête frappe la petite île de 70 000 habitants. Le vent doit être très fort parce que les palmiers sont presque pliés en deux.

L'ouragan Maria a un petit œil, ce qui indique que la tempête est plus forte que d'habitude. Vous pouvez voir sur la vidéo qu'il y a seulement 24 heures, il y avait des vents de 144 kilomètres à l'heure, mais qui augmentent en intensité. Les météorologues du service national de la météo disent que cet ouragan pourrait devenir un ouragan de catégorie 5.

Le présentateur continue.

Nous n'avons pas de vidéo de l'île de La Dominique, mais nous avons appris que l'île est totalement détruite. Maintenant, Maria est en route vers la Guadeloupe. Il faut prendre toutes les précautions nécessaires pour vous protéger de cette menace et pour protéger vos biens.

Je vais dans le salon où mon père regarde la télé. Il semble inquiet.

« Papa, tu dois travailler aujourd'hui ? » je lui demande.

« Non, Léa. On dit que l'ouragan va arriver dans 24 heures et il y a beaucoup à faire. J'ai besoin de protéger notre maison et la maison de ta grand-mère. Cet orage va être horrible pour la Guadeloupe. »

Le journaliste interrompt notre conversation avec une nouvelle information :

Selon l'information que nous venons de recevoir du service national de la météo, l'ouragan sera entre catégorie 4 et catégorie 5.

Un autre homme apparaît à l'écran ; c'est un représentant officiel de la Guadeloupe. Il mentionne qu'il y a encore 60 000 à 80 000 clients sans électricité après l'ouragan Irma.

D'habitude, je ne m'inquiète pas parce que la météo en Guadeloupe ne change pas beaucoup. Il fait toujours un temps chaud et humide qui est confortable pour les Guadeloupéens. Quelquefois, il pleut et il y a des orages, mais mon père semble inquiet, alors je commence à être anxieuse.

« Qu'est-ce que nous allons faire, papa ? »

« Tout va bien se passer. Allons d'abord chez ta grand-mère pour l'aider ».

Nous marchons deux pâtés de maisons avant d'arriver chez ma grand-mère. En route, nous voyons beaucoup de voisins qui se préparent. Monsieur Martin couvre sa voiture avec une toile de plastique et Madame Lucas rentre ses plantes d'extérieur. C'est un travail difficile pour elle parce qu'elle a beaucoup de plantes. Tous les jours, Madame Lucas passe beaucoup de temps à s'occuper de ses belles plantes. Il me semble que c'est une bonne idée de rentrer les plantes à l'intérieur. Nous la saluons quand nous passons devant sa maison.

« Bonjour, Madame Lucas. Bonne chance avec vos plantes. Vous avez besoin d'aide ? » demande mon père.

Mon père a bon cœur. Il aide toujours les autres.

« Merci, Guillaume. J'ai seulement besoin d'aide avec cette grande plante. Merci. »

Nous marchons vers la terrasse de Madame Lucas. Pendant que mon père soulève la plante qui est bien lourde, Madame Lucas et moi prenons quelques petites plantes et suivons mon père dans le salon de sa maison.

« Voilà, Madame Lucas. Vous avez tout ce dont vous avez besoin pour la durée de la tempête ? »

« Oui, merci. Hier mon fils est venu pour s'assurer que tout dans la maison est bien sécurisé. Il voulait que je reparte avec lui, mais je veux rester ici », répond Madame Lucas.

« Bon. J'espère que la tempête va passer rapidement. On dit que c'est un énorme ouragan. »

« Oui, c'est ce que j'ai vu sur CNN et sur la chaîne météo. J'espère que tous les gens sur l'île sont prêts. »

« Bien, Madame Lucas, nous allons aller aider ma belle-mère. Nous devons sécuriser sa maison et l'emmener chez nous pour la durée de la tempête. Téléphonez-nous si vous avez besoin d'aide. »

« Bien. Merci, Guillaume. Et merci, Léa, pour ton aide avec les plantes. »

« De   rien, Madame Lucas.   Au revoir », je réponds.

Mon père et moi continuons notre route en direction de chez ma grand-mère.

Ma grand-mère est dehors en train de nettoyer la cage d'un de ses oiseaux. Les oiseaux n'aiment que ma grand-mère, alors quand ils nous voient ou nous sentent, ils commencent à faire du bruit.

« Bonjour, Maria », dit mon père à ma grand-mère.

« Bonjour, Guillaume. Bonjour, Léa. »

Ma grand-mère s'arrête pour me prendre dans ses bras et m'embrasse sur la joue. Elle a le même nom que la Sainte Vierge et elle est aussi forte qu'elle. Mais j'imagine que ma grand-mère est plus têtue.

« Guillaume, tu sais que je nettoie les cages le mardi et aujourd'hui, c'est mardi. Ramon et Rocco et les autres oiseaux ont aussi besoin d'une maison propre. »

Il me semble que mon père veut se fâcher avec ma grand-mère, mais ce n'est pas le moment. Il y a trop à faire.

« D'accord, Maria. Je vais vérifier que tout est bien en place dans la maison. »

« Oh, Maria. Vous ne pouvez pas rester seule ici. On dit que les vents feront plus de 240 kilomètres heure. C'est trop dangereux de rester ici toute seule. Vous devez venir avec nous. J'ai promis à Stéphanie que je m'occuperais de vous deux. »

« Guillaume, tu sais que je t'aime comme mon propre fils et tu as toujours été gentil avec moi. Mais la vérité est que je ne quitterai pas cette maison. J'ai survécu à plusieurs tempêtes dans cette maison, avec mon mari et toute seule, et cette fois encore je reste ici. Je ne vais pas changer d'avis. Je te remercie de te préoccuper de moi, mais tout va bien aller. »

Mon père passe encore 10 minutes à essayer de convaincre ma grand-mère... mais elle ne change pas d'avis. Elle veut passer la nuit avec ses oiseaux et c'est ce qu'elle va faire. Finalement, je la prends dans mes bras. Mon père la prend aussi dans ses bras et il l'embrasse sur le front et dit : « prenez soin de vous, Maria. Je vous téléphonerai plus tard pour m'assurer que tout va bien. »

Bien que je sois trop vieille pour marcher en tenant la main de mon papa, je le laisse me tenir la main pendant que nous marchons en direction de notre maison. Je ne sais pas ce qui va se passer demain quand l'ouragan arrivera, mais je veux être près de mon papa.

Chapitre 8
Stéphanie

Dans l'avion, je m'assois entre une femme plus âgée et une femme d'affaires. La femme d'affaires avec son costume noir, ses cheveux rangés et son rouge à lèvres ne me salue pas quand je m'assois. Elle ouvre son ordinateur pour y travailler ; j'imagine qu'elle se prépare pour une réunion. Cependant je ne veux parler à personne (c'est pour cette raison que je ne m'inquiète pas que la femme ne me salue pas) mais la femme âgée commence à me raconter une histoire. Elle m'explique pourquoi elle va à Hartford, à qui elle va rendre visite et combien de temps elle va rester. Le vol de l'aéroport de la Guadeloupe vers Hartford dure 3 heures et la femme âgée me parle pendant tout le trajet.

La dernière fois que j'ai visité le Connecticut, la compagnie aérienne nous a servi à manger, mais cette fois les hôtesses de l'air nous offrent seulement une collation et une boisson. Ce n'est pas grave, parce que je n'ai pas faim. Je n'ai pas beaucoup d'expérience de voyages en avion, alors je suis anxieuse. De plus, je suis inquiète pour ma famille : ma famille en Guadeloupe et ma sœur qui est déjà à l'hôpital à Hartford. Ma famille se prépare pour l'ouragan pendant que ma sœur se prépare pour son propre ouragan. Interrompant ma réflexion et mes soucis, la femme âgée, qui s'appelle Julie, me dit :

« De quelle partie de la Guadeloupe venez-vous ? »

Ça doit être l'anxiété, car cette femme n'arrête pas de parler. Elle me

donne seulement l'opportunité de dire «
Basse-Terre », puis elle commence à me
dire que ses parents lui ont donné le nom
de Julie. J'écoute la femme âgée mais je
ne veux plus parler. Encore une fois, je
commence à penser à Léa, à Guillaume et
à ma mère, mais je n'ai pas de moment de
repos et la femme âgée recommence à
parler.

« Qu'est-ce que vous pensez de
l'ouragan Maria ? On dit que ça va être très
sérieux et nous avons de la chance de
quitter l'île aujourd'hui. »

« Oui, je lui réponds, c'est une
chance d'être partis aujourd'hui. Mais la
vérité est que je suis inquiète pour ma
famille en Guadeloupe. »

Je vous comprends, me dit Julie ;
pourquoi est-ce que vous allez au
Connecticut ? »

C'est seulement la deuxième
véritable question que Julie me pose
pendant les deux heures du voyage. Mais je
souris quand elle prononce le nom de l'état
de Conn-EC-ti-cut, avec beaucoup d'accent

sur les voyelles. Je ne lui dis pas que la prononciation est différente. Je suis tellement fatiguée. Je suis tellement fatiguée que je ne veux pas lui répondre, mais elle est tellement sympathique que j'explique tout ce qui se passe dans ma vie. Au moins, ça me donne l'occasion de m'exprimer. C'est en parlant que nous passons la dernière heure de vol.

Je ne fais pas attention aux autres conversations dans l'avion, mais je sais que beaucoup de gens parlent de la tempête. Il y a un Américain qui parle très fort au sujet de la chance de quitter l'île avant que l'ouragan arrive. C'est un homme entre 40 et 50 ans qui a passé beaucoup de temps dehors parce qu'il est rouge comme une tomate. Il porte une casquette des Patriotes de la Nouvelle- Angleterre et un tee-shirt jaune avec des palmiers violets et des bouteilles de bière vertes. Un vrai touriste. Il me semble qu'il a besoin de l'aide de l'hôtesse de l'air toutes les cinq minutes. J'ai de la difficulté à me concentrer sur ma conversation avec la vieille dame parce qu'il parle beaucoup et très fort. Personne ne l'aide. Nous apprenons qu'il vient de Springfield au Massachusetts, qu'il aime le football américain et qu'il voyage beaucoup aux Caraïbes. Il est le stéréotype parfait d'un touriste du continent.

Il n'y a pas autant de touristes où nous habitons que sur la côte de l'île. Les touristes visitent les plages de l'île. Après avoir écouté ce touriste je suis encore plus contente de ne pas habiter près des fameuses belles plages parce que je ne veux pas rencontrer des gens comme ce touriste.

Finalement, l'avion atterrit à l'aéroport international de Bradley. L'homme du Massachusetts se dépêche et il avance en poussant les autres pour qu'il puisse être le premier à débarquer.

Quand j'arrive aux taxis, j'ai mal à la tête.

« À l'hôpital, s'il vous plaît. » Ma sœur m'attend à l'hôpital.

Chapitre 9
Léa

Mon père et moi marchons de la maison de ma grand-mère à notre maison, une marche qui est difficile ce soir-là à cause du vent et de la pluie. On dit que quand l'œil de l'ouragan passe à un endroit, c'est que l'ouragan arrive enfin. Mais on dit aussi qu'un ouragan, et cet ouragan en particulier, est plus grand que l'œil et c'est à cause de ça que les vents sont tellement forts avant l'arrivée de la tempête. Il y a beaucoup de vent. Nous ne voyons personne dans les rues. L'ouragan arrivera bientôt. Les palmiers se plient beaucoup à cause du vent et tous les objets qui ne sont pas bien attachés s'envolent.

Nous sommes à une rue de chez nous, quand mon père reçoit une alerte sur son portable. Comme d'habitude, il regarde son téléphone, mais avec de la difficulté parce qu'il me tient la main. Il lit le message.

Il y a des abris disponibles dans les écoles publiques de chaque ville pour les gens qui en ont besoin. S'il vous plaît, prenez soin de vous pendant la tempête. Il n'y aura probablement pas d'électricité pendant quelques jours après que l'ouragan sera passé, à cause des grands vents.

Mon père semble plus inquiet maintenant. « Qu'est-ce que le message dit, papa ? »

« Ce n'est rien, Léa. On dit que la tempête est vraiment puissante et que la situation sur l'île est vraiment sérieuse. »

Je ne dis rien à mon père avant notre arrivée à la maison. Il y a beaucoup d'orages qui ont frappé l'île mais les météorologues n'ont jamais passé autant de temps à en parler. Normalement, je n'aime pas regarder les nouvelles, mais depuis plusieurs jours, je vois les informations partout : à la maison, à l'école, au restaurant, et même sur un message de mon iPod. Il est évident que cette tempête est différente des autres, et à cause de ça, j'ai peur. Nous entrons dans la maison et nous nous préparons pour une longue nuit. Mon père essaie de prétendre que c'est une nuit normale, même si ce n'en n'est pas une.

« Léa, tu veux jouer aux cartes ? » me demande mon père.

« Papa, nous ne jouons pas aux cartes avec seulement deux personnes. Tu le sais bien » je réponds.

« Tu as raison. D'habitude, nous jouons aux cartes avec ta mère et ta grand-mère. D'accord. Un jeu différent ? »

« D'accord, jouons aux *paires*. »

Les paires est un jeu où les joueurs doivent faire des paires avec les cartes qui sont les mêmes. Par exemple, deux « neuf » ou deux « rois ». Le joueur avec le plus de paires gagne la partie. Mon père et moi savons que c'est un jeu pour les petits enfants, et que je suis trop vieille pour y jouer, mais nous ne disons rien. C'est un jeu facile à jouer et j'ai beaucoup de souvenirs d'enfance quand je jouais aux paires. Mon père aussi est content de jouer.

La télé est allumée, et nous avons des nouvelles de l'ouragan pendant que nous jouons aux cartes. Il n'y a pas de son mais nous pouvons voir les images et les dégâts que la tempête a causés dans les autres endroits et on nous montre le parcours de l'ouragan. On dit que l'ouragan Maria va arriver en Guadeloupe à six heures du matin demain.

Nous entendons le vent dehors. On dirait un grand train qui passe. Quand il souffle avec violence, nous ne pouvons rien entendre d'autre. Et avec la pluie qui frappe le toit... je ne peux pas me concentrer sur le jeu. Je me lève et je vais à la fenêtre pour regarder dehors. À ce moment-là, il y a une coupure d'électricité. La télé est coupée. Les lumières dans la maison, ainsi que les lumières dans les rues s'éteignent. Nous sommes dans l'obscurité totale. Nous ne pouvons rien entendre, sauf le vent et la pluie.

« J'ai peur, papa. Je ne veux pas qu'il nous arrive quelque chose. »

Mon père ne m'entend pas parce qu'il est dans la cuisine. Il cherche des bougies et des allumettes. Il retourne au salon avec deux bougies allumées.

« Léa, viens ici et assieds-toi à côté de moi. Je sais que tu as peur, mais tout va bien se passer. Nous avons survécu à plusieurs tempêtes et nous allons survivre à celle-ci. Je vais téléphoner à ta grand-mère s'il y a encore le téléphone. »

Mon père essaie de téléphoner à ma grand-mère. Je pense à ma grand-mère et à combien je l'aime, mais je pense aussi à combien elle est têtue. Elle devrait être avec nous maintenant.

« Je ne peux pas la joindre », dit mon père. « Il n'y a pas de service. Que Dieu garde Maria, et nous tous. »

Mon père murmure les deux dernières phrases mais j'entends tout ce qu'il dit. Alors je me rends compte de la sévérité de la situation, parce que mon père, une des personnes que j'aime le plus au monde, n'est pas religieux.

Nous nous asseyons sur le sofa et nous écoutons les bruits dehors jusqu'à ce que je m'endorme.

Chapitre 10
Stéphanie

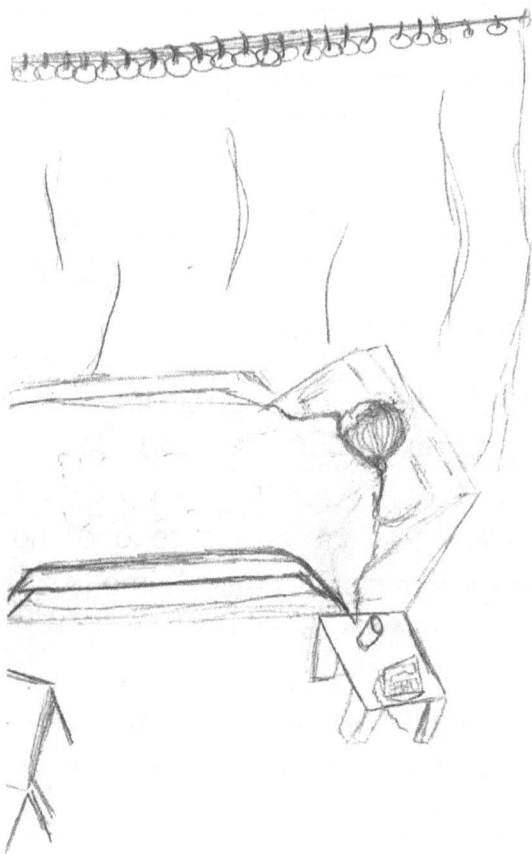

À l'hôpital, je vais à la chambre de ma sœur, la salue avec un baiser et la prends dans mes bras. Elle est dans son lit attendant de se faire opérer. Elle est très fatiguée et elle souffre, alors elle ne parle pas beaucoup, mais elle me demande immédiatement des nouvelles de maman et de l'ouragan.

« Stéphanie, comment va maman ? »

« Elle va bien, Suzanne. Elle est avec Guillaume et Léa. Tout va bien se passer. J'ai parlé à Guillaume quand je suis descendue de l'avion. Il allait chez maman avec Léa pour l'emmener chez nous en attendant la tempête. »

« Bon. Comment vas-tu ? Merci d'être venue », me dit Suzanne.

« De rien, Suzanne. Ça me fait plaisir de pouvoir t'aider. Ça va bien », je lui réponds.

En vérité, je ne vais pas bien. Je suis inquiète ; je ne vais pas bien du tout. Je suis inquiète pour ma famille ; surtout pour ma fille qui a seulement 9 ans, mon mari et ma mère. Et je suis inquiète pour ma sœur qui est à l'hôpital, qui se prépare pour une opération sérieuse demain matin. Je me concentre sur le problème présent : ma sœur.

« Je peux t'apporter quelque chose, Suzanne ? Je vais acheter de la nourriture à la cafétéria. Tu as besoin de quoi ? »

« Non merci, Stéphanie. Je n'ai besoin de rien. Je vais dormir un peu. Ma douleur à l'estomac m'épuise. »

« D'accord, Suzanne. Dors. Je reviens », lui dis-je. Je quitte sa chambre pour chercher la cafétéria. Je demande à un employé de l'hôpital où est l'ascenseur pour y aller.

« Au bout du corridor à droite », dit-il.

Bien sûr. Je n'ai pas fait attention quand je suis arrivée, mais maintenant je me rends compte qu'il y a une pancarte avec des indications pour la cafétéria.

À la cafétéria, j'achète un sandwich à l'œuf, une salade et un soda. Je n'ai pas faim mais je sais que je dois manger pour garder mes forces. À la cafétéria, il y a une télé allumée sur CNN. La présentatrice du journal n'est pas la même que celle que j'ai vue à l'aéroport à Pointe-à-Pitre, mais elle parle plus sérieusement de l'ouragan en Guadeloupe. Elle donne des prédictions sur ce qui va se passer. Mon estomac se noue en y pensant. Oui, je suis en sécurité ici, mais ma famille et tout mon univers sont en Guadeloupe.

Je finis de manger mon sandwich. Je n'ai plus faim, alors je garde la salade pour plus tard. Je retourne à la chambre de ma sœur pour vérifier que tout va bien avant d'aller chez elle pour la nuit.

Chapitre 11
Léa

Craquements !
Fracas !
Le bruit me réveille.

« Papa ! » J'appelle mon père, effrayée. « Qu'est-ce qui s'est passé ? »

« Léa, ne t'inquiète pas. »

« Mais qu'est-ce que c'était, ce bruit ? » je demande à mon père.

« Je pense que c'était une grosse branche qui est tombée d'un arbre. »

« Mais il n'y a aucun arbre près de la maison », je mentionne à mon père. « Comment ? », je lui demande.

« Le vent est très fort, Léa, parce que l'œil de la tempête est près d'ici. »

Une fois encore, nous entendons un bruit. Il semble que Dieu joue de la batterie sur les maisons près de notre maison, sans suivre aucun rythme.

Je me lève et je vois l'horloge sur le mur. Il est 4h00 du matin. Je me rends compte que j'ai seulement dormi cinq heures. Hier soir mon père m'a dit que la tempête Maria arriverait un peu après 6h00 du matin. Il faut attendre une heure et demie avant qu'arrive le pire de la tempête.

Je ne vois rien par les fenêtres de la maison parce que les lumières ne sont pas allumées dans les rues, mais la pluie que j'entends est la plus intense que j'ai jamais entendue de ma vie. C'est un bruit constant. La pluie qui tombe du ciel frappe les toits de métal avec force. C'est effrayant.

« Papa, et grand-mère ? »

« Nous vérifierons que tout va bien, mais plus tard. Nous ne pouvons pas quitter la maison maintenant. C'est trop dangereux. »

Je pense à ma grand-mère et je m'inquiète pour elle. C'est vrai qu'elle est forte, mais elle est vieille, aussi. Elle est seule dans sa maison avec ses oiseaux. Elle doit avoir peur.

« Papa, je m'inquiète beaucoup pour grand-mère. J'espère qu'elle va bien. »

« Je sais, Léa. Mais ta grand-mère, même si elle est têtue, est aussi une femme forte. Pense aux activités que tu vas faire avec grand-mère après l'ouragan. »

« Bonne idée », je réponds.

Ma grand-mère et moi passons du temps ensemble chaque après-midi après l'école. J'aime passer du temps avec elle parce qu'elle ne me traite pas comme un bébé. Elle aime raconter des histoires sur sa vie quand elle était jeune et quand elle vivait avec mon grand-père et j'aime écouter ses histoires. Pendant toute ma vie, ma grand-mère m'a raconté des histoires sur sa vie quand elle était jeune et quand elle habitait avec mon grand-père. Elle me raconte des histoires sur comment était mon grand-père, sur ses opinions politiques et beaucoup d'autres choses. Je ne comprends pas tout mais il est évident que ma grand-mère a les mêmes opinions que mon grand-père, même plusieurs années après sa mort. Ma grand-mère m'a raconté des histoires au sujet de l'île. Elle habite sur l'île depuis longtemps. Elle fait partie de l'île depuis longtemps.

Chapitre 12
Stéphanie

Je n'ai pas bien dormi parce que je pensais à ma sœur à l'hôpital et à ma famille en Guadeloupe. J'allume la télé dans la maison de ma sœur et j'en apprends plus au sujet de l'ouragan.

Le présentateur du journal de CNN parle des images qui montrent tout ce que j'ai besoin de savoir à ce moment-là : ma belle île ne sera plus la même. Il y a des vidéos qui montrent des rivières inondées et il pleut beaucoup dans les rues. Dans la rue, on peut seulement voir les toits des maisons et les branches des arbres sans feuilles. J'envoie alors un texto à Guillaume.

« Chéri, tout va bien avec la famille ? »

Mon portable fait un bruit qui indique que le message a été envoyé et j'attends une réponse.

Avant de quitter la maison, j'écoute un peu plus CNN qui parle de la tempête.

Le journaliste dit que les vents ont atteint 249 kilomètres à l'heure et qu'il n'y a plus d'électricité sur l'île. Je ne suis pas surprise que mon mari ne réponde pas, mais je m'inquiète.

Même s'il fait très chaud à Hartford, je prends mon sweat-shirt parce qu'il fait froid à l'hôpital à cause de l'air climatisé et que je vais être là toute la journée.

Je descends les escaliers de la maison et salue le chauffeur d'Uber qui m'attend pour m'emmener à l'hôpital.

Chapitre 13
Léa

C'est le matin. La tempête est enfin arrivée et la situation en Guadeloupe est très mauvaise. Mon père et moi sommes dans la salle de bains où nous attendons que l'ouragan passe parce que les vents sont horribles. Nous passons du temps à écouter l'ouragan qui attaque l'île. Mon papa ne dit rien et ce n'est pas normal. Je sais que la situation est sérieuse à cause de l'expression sur son visage.

« Papa, j'ai peur. »

« Ne t'inquiète pas, Léa. Tout va bien. Chantons un peu, d'accord ? »

« Bien sûr, papa. Qu'est-ce que tu veux chanter ? »

« Quelle chanson tu suggères ? » demande mon papa.

Avec le bruit de l'ouragan c'est presque impossible de s'entendre, mais mon papa et moi chantons "White and Black Blues". C'est une chanson que nous écoutons chaque dimanche pendant le dîner. À ce moment-là, je pense aux conversations que mes parents et ma grand-mère auraient après le déjeuner dimanche. Ma grand-mère parlerait le plus, comme d'habitude. « Stéphanie, ton père venait de la campagne. Et il travaillait dur, mon mari, mais avec joie. C'était un homme qui était fier de son pays d'origine. »

Ce jour-là, ma mère était d'accord avec tout ce que sa mère disait. J'ai vu ma mère regarder la photo d'elle avec son père, que nous avons dans la cuisine. Elle a dit : « Mon père me manque. C'était un grand homme. Et c'était chouette de voir combien vous vous entendiez bien, maman. Vous étiez tellement amoureux. »

Ma grand-mère a dit : « Stéphanie, ton papa me manque aussi. C'était l'amour de ma vie. Mais le rapport que tu as avec Guillaume me rappelle l'amour que j'avais avec ton père. »

Ce jour-là, les adultes ont beaucoup parlé de la Guadeloupe et de politique, alors j'ai demandé la permission d'aller dehors pour jouer dans la rue parce que je n'aime pas parler de ces choses-là.

*****

Craquements !

Quelque chose frappe la fenêtre et casse la vitre.

« PAPA ! » je crie.

« Calme-toi, Léa. Ce n'est rien. »

Sur ces mots, mon père me prend dans ses bras et nous attendons.

*****

Pendant la journée, nous avons peur. Rien ne change pendant plusieurs heures. Je me lève et je regarde par la fenêtre de la salle de bains. Notre maison est sur une colline et je peux voir la rue entière.

Tout est détruit. Il y a une inondation dans la rue. À quelques endroits, on voit seulement les toits des voitures et quelques maisons n'ont plus de toits : chez les Martin et les Gérard. Les Martin ont deux bébés - des jumeaux. Où sont-ils ? Et Monsieur Gérard est vieux - très vieux. Est-il encore chez lui ?

D'une voix tremblante, je dis à mon papa : « La maison de Monsieur Gérard n'a plus de toit. Il faut l'aider. »

« Viens, assieds-toi, Léa. Ne t'inquiète pas. Monsieur Gérard est avec sa famille à Douville. Son fils est venu le chercher il y a trois jours. »

« Papa, et grand-mère ? » je lui demande. Penser à Monsieur Gérard me fait penser à ma grand-mère. J'espère qu'elle va bien. Je suis très inquiète.

Je commence à pleurer. Ma grand-mère ? Est-ce qu'elle va bien ?

« Papa je veux voir ma grand-mère. Quand est-ce que nous pouvons aller chez elle ? »

« Léa, nous ne pouvons pas y aller maintenant. Plus tard, je vais vérifier que tout va bien. »

Les heures d'attente semblent une éternité.

Chapitre 14
Stéphanie

Suzanne est réveillée et prête pour l'opération quand j'arrive à l'hôpital.

« Bonjour. Tu as bien dormi ? »

« Salut, Suzanne », lui dis-je et je lui donne un baiser sur la joue. « Comment ça va ? C'est bon de te voir. Tu es prête ? »

Aucune d'entre nous répond aux questions de l'autre. Nous sommes anxieuses ; ma sœur pour l'opération et moi pour ma famille et pour notre mère. Je suis aussi anxieuse pour l'île.

La télé de Suzanne est branchée sur une chaine d'informations. Elle commence à me parler de l'ouragan et combien la Guadeloupe souffre.

« Est-ce que tu as des nouvelles de Guillaume ? » me demande-t-elle.
« Non. Je lui ai envoyé des textos et j'ai essayé de lui téléphoner, mais je n'ai pas pu le joindre parce ce que je ne pouvais pas me connecter. » J'ai besoin de savoir s'il va bien.

Je ne veux pas ennuyer ma sœur avec mes problèmes parce qu'elle va subir une opération dans une heure. Elle a besoin de se relaxer, alors je change de sujet. Nous parlons un peu de ses enfants, de leurs activités, de l'école, et de choses faciles jusqu'à ce qu'un groupe d'infirmières arrivent pour l'emmener à la salle d'opération.

À ce moment-là, je suis seule avec mes pensées, et je suis épuisée mentalement. Je commence à pleurer.

Je passe la journée immobile, assise sur une chaise, en attendant des nouvelles de ma famille et des docteurs. Les heures d'attente semblent une éternité.

Chapitre 15
Léa

Nous passons longtemps dans la salle de bains, mon papa et moi. J'écoute un peu de musique sur mon iPod jusqu'à ce qu'il se décharge. Je joue la chanson *Préjugés* à répétition. Le sujet de la chanson est l'histoire de l'île et la force des gens. Je suis encore très jeune, mais après cette tempête, je sais que l'île de la Guadeloupe va avoir besoin de cette force.

« Léa, je vais essayer d'aller chez ta grand-mère. » Je veux vérifier que tout va bien. Je ne veux pas que tu viennes avec moi. Est-ce que tu peux rester ici seule ? » me demande mon papa.

« Oui, papa. Je peux rester ici seule. Merci d'aller voir. Prends ma grand-mère dans tes bras pour moi. Et fais attention. »

Pendant plusieurs heures la pluie frappe le toit de la maison, mais aussi l'île entière de la Guadeloupe. Je regarde mon père mettre un imperméable qui ne va pas beaucoup l'aider.

Sans musique et sans assez de lumière pour lire, je suis dans la salle de bains et je réfléchis. Je pense à ma mère avec ma tante qui sont si loin.

Ma mère doit être inquiète pour nous tous, ainsi que pour ma grand-mère. Ma mère a beaucoup de respect pour sa mère, et moi aussi.

Ma grand-mère aime raconter des histoires et elle aime exagérer la vérité, mais elle est très intelligente. Elle a travaillé toute sa vie dans une usine, mais elle lit toujours beaucoup de livres. Elle aime beaucoup l'histoire précolombienne, surtout celle de la Guadeloupe. La semaine dernière elle m'a parlé des Tainos[3].

« Léa, tu dois apprendre qui sont les ancêtres de notre île. Les Tainos étaient des indigènes qui habitaient ici pendant des années avant l'arrivée de Christophe

---

[3] Guadeloupe was inhabited first by the indigenous group called Tainos (Arawaks) and Kalinago (Carib). Those groups named the island "Karukera" or "Island of Beautiful Waters." Guadeloupe was renamed "Santa María de Guadeloupe de Extremadura" by Christopher Columbus.

Colomb. « Oui, grand-mère. Tu me l'as déjà dit. Mais dis-moi encore ce qui s'est passé », je lui ai demandé.

« Beaucoup de gens sont morts à cause des maladies que les Espagnols ont amenées sur l'île. Mais avant ça, c'était une société organisée qui avait des compétences comme l'ingénierie. »

« Comme quoi ? », je lui ai demandé.

« Léa, regarde le hamac là-bas. »

« J'adore ce hamac, grand-maman. Nous passons beaucoup de temps dans le hamac sur ton patio. »

« Oui, c'est vrai. Mais tu sais que le hamac vient des Tainos ? Les Espagnols ont découvert cette façon de dormir quand ils sont arrivés ici. Les Tainos suspendaient les hamacs entre les arbres pour échapper aux insectes et aux petits animaux par terre ».

« Oh, je ne savais pas. C'est intéressant ».

Ma grand-mère a continué à parler ce jour-là. Je ne veux pas toujours écouter tout ce que ma grand-mère veut m'enseigner, mais maintenant, pendant que j'attends que la tempête passe, avec les vents et la pluie pour accompagner mes pensées, ma grand-mère et ses histoires me manquent.

Je me demande quand mon père va revenir avec des nouvelles d'elle.

Chapitre 16
Stéphanie

Je regarde la télé toute la journée et je regarde constamment mon portable pour savoir s'il y a des nouvelles de Guadeloupe. Je pense à ma famille. J'envoie beaucoup de textos et j'appelle plusieurs fois, mais personne ne répond. Je suis inquiète parce qu'ils ne répondent pas.

Plus tard, le docteur vient dans la salle d'attente. Je m'assois et ferme les yeux et il me surprend quand il parle, « Madame Beaubois, votre sœur se repose. Tout s'est bien passé et l'opération a été un succès. Elle a besoin de rester trois jours à l'hôpital pour récupérer, mais elle va bien. Une infirmière va tout vous expliquer demain. Vous pourrez aller la voir dans une demi-heure. »

« Merci de me dire ce qui se passe, Docteur Arron, et merci de vous occuper de ma sœur. »

Encore une fois, je m'assois sur la chaise qui n'est pas confortable ; je suis soulagée en ce qui concerne ma sœur, mais je suis encore inquiète.

Chapitre 17
Léa

Mon papa revient après deux heures. Le vent et la pluie continuent à tout attaquer, ça fait à peu près douze heures que ça dure. Mon père entre dans la maison tout mouillé. Il n'a pas l'air bien, pas seulement parce qu'il a été dans la tempête. Quelque chose s'est passé. Je le sens.

Sans rien dire, il me prend dans ses bras. Et mon père commence à pleurer. Il sanglote. Je n'ai jamais entendu mon père pleurer comme ça. Je ne sais pas quoi dire, alors je lui demande : « Papa, dis-moi. Qu'est-ce qui s'est passé ? » Avec des larmes dans les yeux il me dit : « Léa, ta grand-mère est morte. »

J'essaie de reprendre mon souffle. Je ne dis rien.

Ce n'est pas possible. Ma grand-mère est âgée, oui, mais elle est forte. Elle ne peut pas être morte.

Je pense à ma belle grand-mère avec ses cheveux gris, parlant de ses oiseaux. Ma grand-mère. Mon amie. Je commence à pleurer. Et à ce moment-là, j'ai seulement deux questions : Comment ? Et pourquoi ?

Plus tard, quand je suis plus calme, mon père m'explique ce qui s'est passé, ou ce qu'il pense qui s'est passé. Il a trouvé ma grand-mère par terre dans la cuisine avec une photo d'elle et de son mari dans sa main. Il semble qu'elle ait eu une crise cardiaque.

Le vent continue à souffler, mais un peu moins que ce matin. Mon père m'offre à manger, mais je refuse. Aujourd'hui est le pire jour de ma vie. Mon père me dit : « Léa, ta grand-mère est avec ton grand-père maintenant. Dieu s'occupe de ta grand-mère maintenant. »

Ma grand-mère avait tellement foi en sa religion et à cause de ça, je sais qu'elle va bien. Mais, comment est-ce que ça va aller pour moi ? Pour ma mère ? Et pour ma tante ?

Chapitre 18
Stéphanie

Le jour après l'opération, Suzanne semble mieux aller. Le matin, je la trouve dans la même position que la veille, mais elle a plus d'énergie et elle a meilleure mine.

« Stéphanie, comment ça va ? Tu as des nouvelles de Guillaume ou de maman ? »

« Salut, Suzanne. C'est bon de te voir avec plus d'énergie. Comment te sens-tu ? Non. Je n'ai rien reçu. Je vais téléphoner à d'autres amis qui ont des contacts à Basse-Terre. Peut- être qu'ils ont de l'information » lui dis-je.

« Bonne idée. Pauvre toi. Tu dois être tellement inquiète et tu es ici pour t'occuper de moi », me dit ma sœur.

« Ne t'inquiète pas, Suzanne. Repose-toi. Je vais essayer de téléphoner encore une fois. »

Je laisse donc ma sœur dans son lit d'hôpital et je sors mon portable une fois encore pour téléphoner à mon mari.

Chapitre 19
Léa

Mon père et moi dormons un peu. La pluie et les inondations continuent pendant des jours. Ce n'est pas une bonne idée de quitter la maison, mais mon père part pour aider le voisin. Je vois quelques hommes dehors qui essayent de repousser l'eau loin de leurs maisons. Mais c'est impossible avec toute la pluie qui tombe du ciel.

Bien qu'il pleuve encore, je vois par la fenêtre le quartier où je marchais et je jouais. Ce n'est pas le même quartier qu'avant.

L'après-midi, après avoir mangé un peu de haricots que nous avons réchauffés sur la cuisinière, je demande à mon père : « Papa, est-ce que les représentants vont venir pour nous aider ? »

« Quels représentants, Léa ? »

« Les représentants du gouvernement. Ils viennent toujours quand il y a un désastre, n'est-ce pas ? »

« Normalement, oui. Mais personne ne sait ce qui se passe. On dit que l'autoroute est détruite et les camions ne peuvent pas passer. »

« Mais, comment est-ce que nous allons nettoyer le quartier et le village ? Il y a beaucoup de débris à cause de la destruction. »

« C'est vrai. Nous devons travailler ensemble. Ça va être difficile pendant un moment. »

« Je ne vais pas aller à l'école ? »

« Non, chérie. On dit qu'il y a beaucoup d'eau dans l'école. Tu ne vas pas avoir d'école pendant un certain temps. »

« Papa, est-ce qu'on peut aller chez grand-mère pour voir les oiseaux puisque qu'elle ne peut pas les nourrir ? »

« Quand la pluie cessera un peu, on pourra aller chez elle, mais maintenant, il faut qu'on travaille chez nous. Tu peux m'aider ? »

« Oui, papa. »

Je voudrais passer plus de temps à penser à ma grand-mère, à mes amis et à quand je pourrai de nouveau écouter ma musique, mais je ne peux pas. Mon représentant a besoin de moi. Au lieu de penser à mon iPod, je commence à chanter la chanson *White and Black Blues* et d'autres chansons de la Guadeloupe.

Tout mon univers a changé depuis le passage de l'ouragan Maria. L'ouragan est arrivé et il a pris ma grand-mère chérie, Maria Joséphine Séjour.

Chapitre 20
Stéphanie

Finalement,   Guillaume
m'appelle cinq jours après le passage de la
tempête, le 25 septembre. Je suis
tellement contente d'entendre sa voix que

je commence à pleurer. Je pleure encore plus quand il m'annonce la nouvelle.

« Stéphanie.　　　Bonjour,　mon amour. Comment... ? »

« Oh, Guillaume ! Tu vas bien. Je suis tellement contente que tu ailles bien. J'étais tellement inquiète quand je ne pouvais pas te joindre.　Comment va Léa ? Et maman ? »

« Stéphanie, je dois te dire quelque chose. »

« Guillaume. Dis-moi. Qu'est-ce qui s'est passé ? »

« Ta mère... »

« Qu'est-ce qui s'est passé avec maman ? Elle est tombée ? Elle est à l'hôpital ? »

« Non, Stéphanie. Ta mère est morte pendant la tempête. Il semble qu'elle ait eu une crise cardiaque. »

Je n'entends plus ce que mon mari me dit, pas parce que la connexion du portable n'est pas bonne, mais parce que je n'arrive pas y croire. Ma mère. La femme qui avait survécu à plusieurs tempêtes sur l'île, est morte. Je suis contente que mon mari et ma fille soient en sécurité, mais la tristesse que je sens me bouleverse. Je pleure très fort, mais je m'arrête parce que je dois aller l'annoncer à ma sœur.

Je décide de téléphoner à mon ex-beau-frère pour lui demander de m'aider. J'ai besoin de retourner en Guadeloupe pour être avec ma famille.

Quels autres défis est-ce que je devrai affronter ?

Chapitre 21
Léa

Voilà une semaine que l'ouragan Maria est passé et le gouvernement n'a toujours pas envoyé de représentants en Guadeloupe. Le soleil brille maintenant et le ciel est clair. La tempête est terminée et maintenant la pauvreté qui existe en Guadeloupe est évidente. Il n'y a aucun arbre avec des feuilles et les palmiers n'ont plus de branches. Dans les rues, il y a d'énormes trous et beaucoup de débris à cause de la tempête. Quand je suis dehors avec les voisins, j'entends souvent le mot « apocalypse ». Ce n'est pas un mot familier, mais il doit signifier les choses que nous voyons maintenant, une île qui est privée de sa beauté naturelle.

Ma mère est encore dans le Connecticut, parce qu'il n'y a pas de vols vers Basse-Terre maintenant. Mais avec le générateur de Monsieur Germain, un homme de notre quartier, je peux charger mon iPod et envoyer des textos à maman. Je n'envoie aucunes photos parce que mon père dit qu'il ne faut pas gaspiller l'énergie, mais elle ne veut probablement pas voir la destruction. Le matin, je me lève et je vais au centre-ville avec mon père. Là, nous aidons les personnes qui assistent la communauté.

« Bonjour, Madame Violette. Comment ça va aujourd'hui ? », je lui demande et je lui donne un baiser sur la joue.

« Salut, Léa. Merci d'être venue. Qu'est-ce que tu apportes aujourd'hui ? »

« De la nourriture en boîte et d'autres choses de la maison. »

« C'est fantastique, jeune fille. Merci. Viens, aide-moi à préparer à manger. »

Madame Violette est une amie de ma grand-mère. Comme ma grand-mère, elle est vraiment forte. Après la tempête, elle est venue dans cet immeuble et elle a commencé à organiser les secours. La première chose qu'elle a faite a été de préparer un énorme repas pour tout le monde. Ensuite, les gens ont commencé à arriver pour s'organiser.

Au nouveau centre communautaire, quand nous n'écoutons pas les informations à la radio, il y a des musiciens qui jouent du *zouk*[4] et du *gwo ka*[5] pour nous distraire. Nous passons beaucoup de temps ensemble à pleurer, à rire, à se plaindre et à danser.

Les adultes parlent beaucoup de politique, du gouvernement guadeloupéen et du gouvernement français, et du fait qu'ils ont oublié les habitants de la Guadeloupe. Les adultes disent des choses comme : « Nous sommes des citoyens » et demandent : « Où est l'aide ? »

Je passe toutes mes journées avec Madame Violette et je joue avec les enfants pendant que leurs parents travaillent. Les enfants sont contents. Moi aussi. Oui, je suis triste pour ma grand-mère et pour l'île,

---

[4] Zouk - a musical style with a fast jump-up carnival beat, originating from the Caribbean islands of Guadeloupe and Martinique.

[5] Gwo Ka - a genre of Caribbean folk music mainly developed in the island of Guadeloupe.

mais je suis contente d'être avec les gens de ma communauté. Comme ma grand-mère et Madame Violette et tous les autres, je suis forte. La Guadeloupe reprend ses forces et je vais l'aider.

L'après-midi, mon père vient me chercher et me demande : « Léa, tu es prête à rentrer à la maison ? »

« Plus tard, papa. D'abord je vais aider Madame Violette à servir cette nourriture. »

Je prends mon père dans mes bras et je retourne au travail.

Je travaille dur. Je suis guadeloupéenne.

GLOSSAIRE

A

a - (s/he) has

à - to/at/in

abris - shelters

accompagner – to accompany

achète - (I) buy

acheté - bought

acheter - to buy

activités - activities

adore - (s/he) loves

adultes - adults

aérienne - air

aéroport - airport

affaire - business

femme d'affaires – businesswoman

affeter - to affect

affronter - to face

âge - age

aide - (I) help / (s/he) helps

aident - (they) help

aider - to help

aiderai - (I) will help

aidons - (we) help

ailles - (you) go/ are going

   Je ne veux pas que tu ailles – I don't want you to go.

   Je suis contente que tu ailles aider ma tante. – I am happy that you are going to help my aunt.

aimais - (I) liked

aimait - (s/he) liked

aime - (s/he) likes

aiment - (they) like

aimerais - (I) would like

aimes - (you) like

aimons - (we) like

ainsi que - as well as

ait - (s/he) has

   Il semble qu'elle ait eu une crise cardiaque- It seems that she has had a heart attack.

ajoute - (s/he) adds

alerte - alert

allait - (s/he) was going

aller - to go

allez - (you) go
allions - (we) used
    to go
allons - (we) go
allumé(e) - lit
allume - (I) light;
    (s/he) lights
allumer - to light
allumettes -
    matches
alors - so
américain - American
amie(s) - friend(s)
    (fem.)
amis - friends
    (masc.)
amour - love
amuser - to amuse
amusons - (we)
    amuse
ancêtres - ancestors
anglais - English
Angleterre - England
animaux - animals
annoncer - to
    announce
ans - years
anxieuse - anxious
apparaît - (s/he)].
    appears
appartements -
    apartments
appel - call
appelle - (I)
    call

s'appelle - is called
apporte - bring
apporter - to bring
apportes - (you)
    bring
apprendre - to learn
apprends - (you)
    learn
apprenons - (we)
    learn
appris - learned
après - after
arbre(s) - tree(s)
argent - money
arrêt - stop
arrivé(e)(s)(es) -
    arrived
arrive - arrives
arrivent - (they)
    arrive
arriver - to arrive
arrivera - will arrive
arriverait - (s/he)
    would arrive
arrivions - (we)
    arrived
arrivons - (we) arrive
arrosage - hose
as - (you) have
ascenseur - elevator
asseyons - (we) sit
assez - enough
assieds-toi - sit down
assis(e) -
    seated/sitting

assois - (I) sit down
assurances -
   insurance
assurer - to assure
atlantique - Atlantic
attachée - attached
attaque - attacks
attaquer - to attack
atteint - reached
attend - (s/he) waits
   for
attendant - waiting
attendons - (we)
   wait
attendre - to wait
attends - (I) wait
attente - waiting
salle d'attente-
   waiting room
attenionnée -
   attentive
atterri - landed
atterrit - lands
l'avion
atterrit - the
   plane lands
au - to the, at the, in
aucun(e) - not
   one, not
   any
au-dessus - above
augmentent - (they)
   increase
augmenter - to
   increase

aujourd'hui - today
aura - (s/he) will
   have
   Il n'y aura
   probablement
   pas d'électricité
   - There will
   probably not be
   any electricity.
auraient - (they)
   would have
au revoir - goodbye
aussi - also
autant - as much as,
   just as much as
autoroute(s) –
   highway(s)
autour - around
autre -
   other/another
autres - others
aux - to the; at the
avaient - (they) had
avais - (I) used to
   have,had
avait - (s/he) had
   Il y avait – there
   was, there were
avance - (s/he)
   advances
avant - before
avec - with
avez - (you.pl) have
avion - airplane
avis - opinion

avoir - to have, having
avons - have

B

bagages - luggage

faire mes bagages - pack my luggage
baiser - kiss
baisser - to lower
balades – rides
balancent - (they) balance
bandes - bands
Basse-Terre – a French commune located on the Western half of Guadaloupe.
bateaux - boats
batterie - drums
bavarde - talkative
beau - beautiful
beaucoup - a lot
beauté - beauty
belle(s) - beautiful
besoin - need
bien - well
bien sûr - of course
bien qu' - although, even though
bientôt - soon
bizarre - strange
blanc(s) - white

bleue(s) – blue
boîte - box
bois - wood
en bois - made of wood
boisson - drink
bon - good
bonjour - hello
bonne(s) - good
(au) bord de - on the edge of
bouche - mouth
bouger - to move
bougies - candles
bouleverse - (it) overwhelms
bout - end
au bout du corridor - at the end of the hallway
bouteilles - bottles
bouton - button
branche(s) – branches
bras - arm(s)
brille - shines
brise - breeze
brosse - brush
bruit(s) - noise(s)
brune - brown
bureau - office

C

c'/ça/ce - this
café - coffee

calme - calm
camion(s) - truck(s)
campagne – countryside
cantine - cafeteria
capitale - capital
Caraïbes - Caribbean
cardiaque – cardiac, heart
(une crise)
cardiaque a heart attack
carte - map
cartes - cards
casquette – baseball cap
casse - (it) breaks
catégorie – category
cause - (it) causes
à cause de (du)
(de la) – because of
causés – caused
causer – to cause
ce - this, that, it
celle - the one
centre - center
centre-ville - city center, downtown
centre
communautaire – community center
cependant – however, yet
certain(s) - certain
ces - these

cessera - (it) will stop
cet - this
cette - this (fem.)
chaîne - channel
chaise - chair
chaleur - heat
chambre(s)- bedroom(s)
chance - chance, luck
change - (s/he) changes
changé - changed
changement – change
changer - to change
chanson(s) - song(s)
chante - (s/he) sings
chanter - to sing
chanteur - singer
chantons - (we) sing
chaque - each
charger - to charge
charme - charm
chaud - hot
chauffeur - driver
chaussures - shoes
chemisier - shirt
cherche - (s/he) looks for
chercher - to look for
chérie - darling, honey
cheveux - hair

chez - at the home of...
chose(s) - thing(s)
ciel - sky
cinq - five
circulation - traffic
citoyens -citizens
claire - clear
climat - climate
climatisé - air conditioned
cœur - heart
coin(s) -corner(s)
collé - glued
collation - snack
colline(s) - hill(s)
Colombienne - Colombian
combien - how much, how many
comme - like, as
commence - (I) start, (s/he) starts
commencé - started
commencent - (they) start
commencer - to start
comment - how
communauté - community
communiqué - communicated
compétences - expertise

compagnie - company
comprends - (I) understand
comptable - accountant
concentre - (I) concentrate
concentrer - to concentrate
conduisions - (we) used to drive
conduit - (s/he) drives
confiance - confidence
confortable - comfortable
congé - time off (from work)
connais - (I) know
connaissance - understanding
connaissent - (they) know
connaît - (s/he) knows
connecter - to connect
constamment - constantly
contrôler - to control
construite - built
content(e)(s) - happy

continent –
continent
continue - (s/he),
(it) continues
continué - continued
continuent - (they)
continue
continuer – to
continue
continuons - (we)
continue
contrôler - to control
convaincre - to
convince
corde - cord
corde à linge –
clothesline
corridor - hallway
costume - suit
coucher de soleil –
sunset
le soleil qui se
couche - the sun
that sets
couleur - color
coup d'œil - look,
glance
couvre - (s/he)
covers
craquement - crack!
crie - (I) yell
croire - to believe
croissants –
croissants
cuisine - kitchen
cuisinière - stove

D

d'abord - first
d'accord - ok
dame - lady
dangereux –
dangerous
dans - in
dansant - dancing
de - of/from
débarquer - to get
out
débris - debris
début - start
décide - (I) decide
découvert –
discovered
défis - challenges
dégâts - damage
dehors - outside
déjeuner - lunch
petit-déjeuner-
breakfast
demain - tomorrow
demande - (I) ask,
(s/he) asks
demandé - asked
demander - to ask
demandons - (we)
ask
demi(e) - half
département –
department
dépêche - hurry
(se) dépêche - (s/he)
hurries

déposer - to drop off
dents - teeth
départ - departure
dépend - depends
depuis - since
dernière(s) - last
des - some, of
désastre - disaster
descends - (I) go down
descendue - got off
(en) dessous – underneath
détendu - relaxed, casual
détruit(e) - destroyed
deux - two
deuxième - second
devant - in front of
devenir - to become
devons - (we) have
devra - (s/he) will have to
devrai - (I) will have to
devrait - (s/he) would have to
d'habitude - usual
Dieu - God
différent(e) - different
difficile - difficult
dimanche - Sunday
dîner - dinner, to have dinner

diplôme - diploma
dirait - (s/he) would say
dire - to say, tell
direct(e) - direct
directement - directly
(se) dirige - is heading
dis - (I) (you) say
disait - (s/he) was saying
disent - (they) say
disons - (we) say
disponibles - available
distillerie - distillery
distraire - to distract
distribuer - to distribute
dit - (s/he) says
divorce – divorce
ils se sont divorcé - they divorced
dix - ten
docteur(s) – doctor(s)
dois - (I) (you) have to, must
doit - (s/he) (it) has to, must
doivent - (they) have to, must
(quelle) dommage - what a shame!

donc - so, therefore
donne - (I) give, (s/he) gives
donné - gave
donner - to give
dont - which, that
dormi - slept
dormir – to sleep
dormons - (we) sleep
dors - sleep
dos – back
  sac à dos – backpack
douche-toi - take a shower
douleur - pain
droite - right
du - from, some, of, of the
dur - hard
dure - (it) lasts
durée - duration

E

eau - water
échapper - to escape
école(s) - school(s)
écoute - (I) listen
écouté - listened
écoutent - (they) listen
écouter - to listen
écoutons - (we) listen

écran - screen
effrayée - frightened
effrayant – frightening
éléctricité – electricity
elle - she
embrasse - (s/he) kisses
emmener - to take (someone)
employé - employee
empruntait - (s/he) used to borrow
en - in, by, made of, some, some of it, of them, there
énergie - energy
encore - still, yet, again
endroit(s) - place(s)
enfant(s) - child(ren)
enfin - finally
enlever - to remove
ennuie - (it) bothers
ennuyer - to bother, bore
ennuyeux - boring
énorme(s) - huge
enseigner - to teach
ensemble - together
ensuite - then
entend - (s/he) hears

**(vous vous)
entendiez** –
(you) used to
get along
entendons - (we)
hear
entendre - to hear
entends - (I) hear
entendu(e) - heard
entière - entire
entre - (I) enter,
(s/he) enters,
between
entrée - entered
entreprise –
business,
company
envoie - (I) send
envoyé - sent
épuisé(e) –
exhausted
es - (you) are
escaliers - stairs
espère - (I) hope
Espagnols - Spaniards
essaie - (I) try/(s/he)
tries
essayé - tried
essayent - (they) try
essayer - to try
est - is
est allé - (s/he) went
estomac - stomach
et - and
étais - (I) was
était - (s/he) was

étaient - (they) were
état - state
éteintes –
turned off
éternité –
eternity
étions - (we) were
étonnée –
surprised
être - to be
étudié - studied
eu - had
évènement - event
évidemment –
evidently
évident(e) - evident
expérience –
experience
exactement –
exactly
exagérer - to
exagerate
exemple - example
exigeante - strict
existe - exists
expliquait - (s/he)
was explaining
explique - explains
expliquer - to
explain
expliques - (you)
explain
exprimer - to
express

F

fabrique - (it) makes, produces
fabriquent - (they) make, produce
(se)fâcher - to get angry
facile(s) - easy
facilement - easily
façon - way
faim - hunger
faire - to do, make
fais - (I) make, (you) do
fais attention - pay attention
faisons - (we) do
fait - (s/he) makes, did
(il) fait chaud - it is hot
(il) fait froid - it is cold
(elle) fait partie de - she is a part of
faite - did
faits - facts
fameuses - famous
familier - familiar
famille - family
fantastique - fantastic
fasciné - fascinated
fatiguée - tired (fem.)
favori(te) - favorite

fédéral - federal
femme - woman
fenêtre - window
ferme - s/he closes
feuilles - leaves
fier, fière - proud
fille - girl
fils - son
finalement - finally
finis - (I) finish
fixé - fixed, stabilized
fleurs - flowers
foi - faith
fois - time, instance
font - (they) make
football - soccer
force(s) - strength
formé - formed
fort(e)(s) - strong
fracas - crash/roar
frais - cool
français - French
France - country in western Europe
frappé - hit
frappe - hits
frapper - to hit
froid - cold
front - forehead

G

gagne - (s/he) wins
garde - (I) keep, (s/he) keeps

garder - to keep
gaspiller - to waste
général - general
générateur - generator
gens - people
gentil - nice
gouvernement(s) - government(s)
grand(e)(s) - big, large
grand-mère - grandmother
grand-père - grandfather
grave - serious
gris - gray
grosse - large, big
groupe(s) - group(s)
Guadeloupéenne - Guadeloupean
Guadeloupe - a French overseas region, an island group in the southern Caribbean Sea.
guérison - recovery

H
habille-toi - get dressed
habitaient - (they) used to live

habitait - (s/he) used to live
habitants - residents
habite - (s/he) lives
habitent - they live
habiter - to live
habitons - (we) live
d'habitude - normally habitué - regulars
hamac(s) - hammock(s)
haricots - beans
heure(s) - hour(s)
heure-ci - this hour
hier - yesterday
histoire - history, story
histoires - histories, stories
homme - man
hommes - men
hôpital - hospital
horloge - clock
horrible(s) - horrible
hôtesse(s) - hostess(es)
huit - eight
humide - humid
humidité - humidity

I
ici - here
idée - idea
il - he

île - island
illumine - lights up
ils - they
images - images
imagine - (I) imagine
immédiatement - immediately
immeuble(s) - building(s)
immobile - motionless
imperméable - raincoat
importantes - important
importants - important
importer - to import
impossible - impossible
incluant - including
inconvénients - inconvenient
indigènes - indigenous
indique - indicates
industrie - industry
infirmière - nurse
informé - informed
information(s) - information
ingénieurs - engineers

inhabituel - unusual
inondées - flooded
inondation(s) - flood(s)
inquiète - worried (fem.)
inquiet(s) - worried
insectes - insects
insisté - insisted
intelligent(e) - intelligent
intensité - intensity
intérieur - interior
international(e) - international
intéressant - interesting
interrompant - interrupting
interrompt - (s/he) interrupts
intestin - intestine
irons - (we) will go

J
jamais - never
jaune - yellow
je/j'- I
jette - (I) throw
jeu - game
jeune - young
joie - joy
jouais - (I) used to play
joue - cheek

joue - (I) play, (s/he) plays
jouent - (they) play
jouer - to play
joueur(s) - player(s)
jouons - we plays
jour - day
journeé - day
journal - newspaper
journaliste - reporter
jours - days
jumeaux - twins
jupe - skirt
jusqu'à - until
juste - just

K
kilomètres - kilometers

L
l' - the,
la - the, her
là - there
là-bas - over there
laisse - (I) leave, let
lait - milk
langue - language
larmes - tears
le - the, it
lendemain - next day
les - the, them
lesquelles - which ones
leur(s) - their

lever - to rise, to get up
lèvres - lips
lié - tied up
lieu - place
au lieu de- instead of
linge - line
lire - to read
lit - (s/he) reads, bed
livrer - to deliver
livres - books
loin - far
longtemps - long time
long(ue) - long
loué - rented
lourde - heavy
lui - to him/her
lumière(s) - light(s)

M
m' - me, to me
ma - my (fem.)
Madame - Mrs.
main - hand
maintenant - now
mais - but
maison(s) - house(s)
mal - ache
   j'ai mal à la tête - I have a headache
malade - sick
maladie - sickness
maman - mom
mangé - ate

mangeons - (we) eat
manger - to eat
manque - (s/he) misses, lack
manquent - (they) miss
manquer - to miss
marchais - (I) used to walk
marchandises - merchandise
marche - (I) walk
marcher - to walk
marchons - (we) walk
mardi - Tuesday
mari - husband
mariage - marriage
mariée - married
matin - morning
mauvais(e)(s) - bad
me - me, to me
médicale - medical
médicaments - medicine
médicaux - medical (plural)
menace - threat
m'endorme - (I) fall asleep
mentalement - mentally
mentionne - (I) mention, (s/he) mentions
mer - sea

merci - thanks
mère - mother
merveilleux - marvelous
mes - my (plural)
météorologue(s) - meteorologist(s)
métal - metal
mets - (I) put on
mettre - to put
midi - noon, midday
(après)-midi(s) - afternoon(s)
mieux - better
moi - me
moins - less
mois - month
mon - my (masc.)
monde - world
Monsieur - Mr.
montagnes - mountains
monte - (I) climb
montons - (we) climb
montre - (s/he) (it) shows
montrent - (they) show
montrer - to show
Montserrat - a mountainous Caribbean island, part of the Lesser Antilles chain and

a British Overseas
Territory
mort(e)(s) - dead
mot(s) - word(s)
mouillé - wet
Moyen-Orient –
Middle East
mur - wall
murmure –
(s/he)
whispers
musiciens –
musicians
musique - music

N
naturelle - natural
ne...pas - not
nécessaire –
necessary
nécessités –
necessity

nerveuse(s) –
nervous
nerveux - nervous
nervosité –
nervousness
nettoie - (s/he)
cleans
nettoyer - to clean
neuf - nine
ni...ni... - neither...nor
noir(e)(s) - black
nom(s) - name(s)
non - no

nord - north
nord-ouest –
northwest
normal(e) - normal
normalement –
normally
nos - our (plural)
notre - our
(se) noue - (it) forms
knots
nourrir - to feed
nourriture - food
nous - we, us
nouveau – new
(masc.)
nouvelle(s) – new
(fem.)
nuages - clouds
nuit - night

O
objets - objects
obscurité - darkness
obtenu - obtained
océan - ocean
(m')occupe - (I) take
care of
(s')occupe - (s/he)
takes care of
(s')occuper - to take
care of
(m')occuperais - (I)
would take care
of

(t')occuperas - (you) will take care of
œil - eye
œufs - eggs
officiel - official
offre - (s/he) offers
offrent - (they) offer
oiseaux - birds
on - one, we
ont - (they) have
opération - operation
opérer - to operate
opportunité - opportunity
orage(s) - storm(s)
ordinateur - computer
organisée - organized
organiser - to organize
ou - or
oublient - (they) forget
ouest - west
oui - yes
ouragan(s) - hurricane(s)
outre-mer - overseas
département d'outre-mer - overseas territory
ouvre - s/he opens

P

paires - pairs
palmiers - palm trees
panique - panic
par - for
parce que - because
parcours - route
parfait - perfect
parfois - sometimes
parlait - (s/he) was talking
parlant - talking
parle - s/he speaks
parlé - spoke
parlent - they speak
parler - to speak
parlerai - (I) will speak
parlerait - (s/he) would talk
parlons - we speak
pars - (I) leave
particulier - particular
partie(s) - part(s)
partir - to leave
partis - left
partons - (we) leave
partout - everywhere
pas - not
passage - passing
passe - (I) spend (time), (s/he)

spends (time) (se)
passe - (it) happens
passé - spent,
  happened
passer - to pass, (se)
passer - to happen
passer du temps - to
  spend time
passons - (we)
  spend, pass
patron - boss
pauvre - poor
pauvreté - poverty
pays - country
pendant - during
pensais - (I) was
  thinking
pensant - thinking
pense - (I) think,
  (s/he) thinks
pensé - thought
pensées - thoughts
penser - to think
pensez - (you) think
perde - (it) loses
perdons - (we) lose
père - father
permission -
  permission
personne - person,
  no one
personnes - people
petit(e)(s) - small
peu - a little
peur - fear

peut - (s/he) can
peut-être - maybe
peuvent - (they) can
peux - (I) can, (s/he)
  can
pharmaceutique -
  pharmaceutical
photo(s) - photo(s)
phrases - sentences
pieds - feet
pire - worst
place - place
plage(s) - beach(es)
(se) plaignant -
  complaining
plaisir - to please
plaît - pleases
  s'il vous plaît -
  please (formal)
plante(s) - plants
plastique - plastic
pleurant - crying
pleure - (I) cry
pleurer - to cry
  (il) pleut - it is
  raining
pleuve - raining
pliés - bent
(se) plient - (they)
  bend
pluie - rain
plupart - majority
plus - more,
  ne...plus- no more
plusieurs - several,
  many

politique - politics, political
portable(s) – cellphone(s)
porte - (s/he) wears, door
ports - ports
pose - (s/he) asks
possibilité – possibility
pouces - inches
pour - for
pourquoi - why
pourra - (s/he) will be able to
pourrai - (I) will be able to
pourrais - (I) could
pourrait - (it) could
pourrez - (you) will be able to
pourrons - (we) will be able to
poussant - pushing
pousse - (s/he) pushes
pouvaient - (they) could
pouvais - (I) could
pouvez - (you) can
pouvoir - to be able to
pouvons - (we) can
précautions – precautions

prédictions – predictions
premier - first (mas.)
premièr(e) – first (fem.)
prend - (s/he) takes
prendre - to take
prends - (I) take
prenez - (you) take
prénoms - first names
prenons - (we) take
préoccuper - to worry
(se) prépare - (s/he) prepares
(se) préparer – to prepare
préparons – (we) prepare
présent - present
présentateur(s) announcer
présentatrice - announcer (fem.)
presque - almost
prétendre - to pretend
principale - main
pris - took
privée - deprived of
probablement - probably
problème(s) – problem(s)

produit(s) – product(s)
promenade - walk
promis - promised
prononce - (s/he) pronounces
prononcer - to pronounce
propre - own
propriété - property
protéger - to protect
pu - could
publiques - public
puis - may
puisque - since
puissante - powerful
puisse - (s/he) can
  pour qu'il puisse - so that he can

Q

quand - when
quantité - quantity
quartier - neighborhood
quatorze - fourteen
que (qu') - that, who, what
quelle - which (fem.)
quelque(s) - some
quelquefois - sometimes
quels - which (plural)
qui - who
quitte - (I) leave

quitter - to leave
quitterai - (I) will leave
quoi - what
quoique - although

R

raconte - (s/he) tells
raconté - told
raconter - to tell
raison – reason
  tu as raison – You are correct
rangés - orderly
rapidement - quickly
rappelle - (it) reminds
rapport - relationship
recevons - (we) receive
rechauffés - reheated
reçoit - (s/he) receives
recommence - (s/he) starts again
reçu - received
récupère - (s/he) recovers
réfléchis – (I) think
réflexion – thinking
refuse - (I) refuse
regard - look
regarde - (I) look, (s/he) looks
regarder - to look,

watch
regardons - (we) watch
rejoindre - to reach
(se) relaxer - to relax
religieux - religious
remercie - (I) thank
remplir - to fill
rencontre - (I) meet
rencontrer - to meet
rendre visite - to visit (someone)
rends compte - (I) realize
rendu visite - visited (someone)
renforcer - to reinforce
rentre - (s/he) returns
rentrent - (they) return
rentrer - to return
rentrons - (we) return
reparte - (I) go back
repas - meal
répétition - repetition
répond(e) - (s/he) responds
répondent - (they) respond
répondre - to respond

réponds - (I) respond
réponse - response
repos - rest
repose - rest
(se) repose - (s/he) rests
repousser - to push back
reprend - (s/he) gets back
reprendre - to get back
représentant(s) - representative(s)
reste - (I) stay
restée - stayed
rester - to stay
retourne - (I) return, (s/he) returns
retournés - returned
retourner - to return
retournerons - (we) will return
revenir - to come back
reviens - (I) am coming back
revient - (s/he) comes back
rhum - rum
riant - laughing
rien - nothing, anything
rivières - rivers
robe - dress
rois - kings

rouge - red
rue(s) - street(s)
rythme - rhythm

S

sa - his/her
sac à dos - backpack
saches - (you) know
sacrifié - sacrificed
sage - good, well
   behaved
Sainte Vierge –
   Holy Virgin
sais - (I) know,
   (s/he) knows
sait - (s/he)
   knows
salade - salad
salle de bains –
   bathroom
salon - living room
salue - (I) greet,
   (s/he) greets
saluons - (we) greet
salut - hi

sanglote - (s/he)
   sobs
sans - without
sauf - except
savais - (I) knew
savoir - to know
savons - we know
scène - scene

séchent - (they) dry
secours - help
sécurisé - secure
seize - sixteen
selon - according to
semaine(s) - week(s)
semble - (s/he)
   seems
semblent –
   (they) seem
sens - (I) feel,
   (you) feel
sentent –
   (they) feel
sept - seven
septembre –
   september
sera - (s/he) will be
Seras - (you) will be
sérieuse – serious
   (fem.)
sérieusement –
   seriously
sérieux –
   serious (masc.)
seront - (they) will
   be
servent - (they)
   serve
serveur - server
servi - served
server - to serve
ses - his, her (plural)
seuil - threshold
seule - alone, only

seulement - only
sévérité - severity
si - if
signes - signs
signifier - to signify
sinon - otherwise
située - situated
société - society
soeur - sister
soient - (they) are
soin - care
prend soin de toi –
    take care of
    yourself
soir - night, evening
sois - be **soleil** - sun
solide - solid
sommes - (we) are
son - his/her
sont - (they) are
sors - (I) take out
soucis - worries
souffert - suffered
soufflé - (it) blows
souffler - to blow
souffre - (s/he)
    suffers
soulagée - relieved
soulève - (s/he)
    lifts
souris - (I) smile
souvenirs - memories
souvent - often
(me) souviens - (I)
    remember
spéciale - special

subir - to undergo
succés - success
sud – south
suggères – (you)
    suggest
suis - (I) am
suivons - (we) follow
suivre - to follow
sujet – subject
    au sujet de (du)
    (d') - about
sur - on
surprend - (s/he)
    surprises
surtout - especially
survécu - survived
survivre - to survive
suspend - hung
sympathique –
    nice

T
ta - your (fem.)
Taino(s) - one of the
    indigenous
    peoples of the
    Caribbean.
tante - aunt
tard - late
te - you, to you
téléphone - (I) call,
    (s/he) calls
téléphoner - to call
téléphonerai - (I)
    will call

téléphonez - (you) call
tellement - so much
temp(s) - time, weather
tenant - holding
tenir - to hold
terminée - ended
terminer - to end
terrasse - porch
terre - ground
tes - your
texto(s) - text(s)
tient - (s/he) holds
toi - you
toile - canvas
toit(s) - roof(s)
tomate - tomato
tombe - falls
tombée - she fell
ton - your (masc.)
totale - total
totalement - totally
toujours - always
touriste(s) – tourist(s)
tourner - to turn
tous - all, every
tout(e)(s) - all, every
tout le monde – everyone
(en) train de – in the middle of
traite - (s/he) treats
trajectoire – path
trajet - flight

transpire - (I) sweat
transporte - (s/he) transports
transportés – transported
travail (s)- job(s)
travaillais - (I) used to work
travaillait - (s/he) used to work
travailleuse – hard working (fem.)
travaille - (I) work, (s/he) works
travaillé - worked
travaillent - (they) work
travailler - to work
travaillons - (we) work
traverser - to go through
treize - thirteen
tremblante – trembling
trente - thirty
très - very
triste - sad
tristesse - sadness
trois - three
trop - too
trous - holes
trouve - (I) find, (s/he) finds
trouvé - found
tu - you

tutoie - (s/he) calls one by their first name
tuyau - hose
typique - typical

U

un - a (masc.)
une - a (fem.)
uniforme - uniform
univers - universe
université - college
usine(s) - factory (factories)
utile - useful
utilize - (one) uses
utilisent - (they) use

V

va - (s/he) goes
vais - (I) go
valise - suitcase
vas - (you) go
venait - (s/he) used to come
venez - (you) come
venir - to come
vent(s) - wind(s)
venu(e) - came
verifier - to verify
vérifierons - (we) will verify
veritable - real
vérité - truth

verrons - (we) will see
vers - toward
vertes - green
vêtue - dressed
veut - s/he wants
veux - I/you want
vie - life
vieille - old (fem.)
viennent - (they) come
viennes - (you) to come
viens - (you) come
vient - (s/he) comes
vieux - old
ville(s) - city (cities)
vingt - twenty
violets - purple
violette - purple
visage - face
visité - visited
visitant - (they) visit
vitre - window
vivait - (s/he) used to live
voient - (they) see
voilà - there you go
voir - to see
vois - I see
voisin(e)(s) - neighbor(s)
voit - s/he sees
voiture(s) - car(s)
voix - voice

vol(s) - flight(s)
volent - (they) fly
vont - (they) go
vos - your (plural)
votre - your
voudra - (s/he) will like
voudrais - (I) would like
voulait - (s/he) wanted
vous - you (formal, plural)

voyage - (s/he) travels, trip
voyager - to travel
voyelles - vowels
voyons - (we) see
vrai - true
vraiment - really
vu - saw

Y

y - there
yeux - eyes

ABOUT THE AUTHOR

Jennifer Degenhardt taught high school Spanish for over 20 years. She realized her own students, many of whom had learning challenges, acquired language best through stories, so she began to write ones that she thought would appeal to them. She has been writing ever since.

Please check out the other titles by Jen Degenhardt available on Amazon:

La chica nueva | La Nouvelle Fille |The New Girl
La chica nueva (the ancillary/workbook
volume, Kindle book, audiobook)
El jersey|The Jersey |*Le Maillot*
Quince
La mochila
El viaje difícil|*Un Voyage Difficile*
La niñera
La última prueba
Los tres amigos | Three Friends
María María: un cuento de un huracán | María
María: A Story of a Storm | Maria Maria: un
histoire d'un orage
Debido a la tormenta
La lucha de la vida
Secretos
Como vuela la pelota

Follow Jen Degenhardt on Facebook, Instagram @jendegenhardt9, and Twitter @JenniferDegenh1 or visit the website, www.puenteslanguage.com to sign up to receive information on new releases and other events.

ABOUT THE TRANSLATOR

Theresa Marrama has taught middle and high school French for 12 years in Upstate New York. A teacher certified in both French and Spanish, she teaches her classes using Comprehensible Input (CI). She is an up-and-coming author of soon to be published comprehensible readers. Theresa enjoys writing comprehensible stories for language learners.

You can find all of her books on her website : www.compellinglanguagecorner.com,

TpT Store, The Compelling Language Corner : https://www.teacherspayteachers.com/Store /The-Compelling-Language-Corner